等你同行

徐敏◎著

百花洲文艺出版社
BAIHUAZHOU LITERATURE AND ART PRESS

目录

等你同行

古道边　谁系住那匹青骢马
酒招旗下　我独坐　默默不说话
静静等　只心中存前世的牵挂
你不来　我不出发

你要记住你说的话
说好的　一路出发　一路天涯
却不知　你为何　中途变了卦
才启程　便歇下

红尘中　谁逃过这爱恨交加
落尽繁华　看一番　人世多变化
总无常　有宿命里飘去的年华
空等候　我鬓已花

你要记住你说的话
说好的　一路出发　一路天涯
只想问　你在哪　我等你回话
你不来　不出发

等你来　就出发
有你　一路风景如画

等你同行

古道边　谁系住那匹青骢马
酒招旗下　我独坐　默默不说话
静静等　只心中存前世的牵挂
你不来　我不出发

你要记住你说的话
说好的　一路出发　一路天涯
却不知　你为何　中途变了卦
才启程　便歇下

红尘中　谁逃过这爱恨交加
落尽繁华　看一番　人世多变化
总无常　有宿命里飘去的年华
空等候　我鬓已花

你要记住你说的话
说好的　一路出发　一路天涯
只想问　你在哪　我等你回话
你不来　不出发

等你来　就出发
有你　一路风景如画

望　月

此刻，我就站在这
清辉之下，望月

月亮是一面
照见世间万物的玉镜

一定能照见
隔着山水的你

望月

此刻，我就站在这
清辉之下，望月

月亮是一面
照见世间万物的玉镜

一定能照见
隔着山水的你

无限江山

浣纱记

心只爱清泉出涧　碧水轻缓
怎会意城旗变幻　谁的江山
却因长剑划落　挑起溪流淌远的衣纱
惊鸿一见　走进千古棋局　风云逆转

飘泊路　寂寞长远
独行　为着那双期待的眼
不想去掀动情仇恩怨
终惹上　青史嗟叹的沉沦变迁

沧桑归来　看懂写满世间字险
执子手　泛舟湖面
兴亡成败　岂由美人离间
冥冥星空　谁逃过聚散因缘

无限江山

浣纱记

心只爱清泉出涧　碧水轻缓
怎会竟城旗变幻　谁的江山
却因长剑划落　挑起溪流淌远的衣纱
惊鸿一见　走进千古棋局　风云逆转

飘泊路　寂寞长远
独行　为着那双期待的眼
不想去掀动情仇恩怨
终惹上　青史嗟叹的沉沦变迁

沧桑归来　看懂写满世间字险
执子手　泛舟湖面
兴亡成败　岂由美人离间
冥冥星空　谁逃过聚散因缘

出塞曲

不带走长安城一丝繁华
卸下对君王的空自牵挂
只因画师平添黑痣的那幅画
让你西出阳关　独饮大漠风沙

狼烟熏黑边关　将士驰马厮杀
飘然而来　烽火中盛开艳丽的花
喧嚣失声　疆场寂静
听你　渐行渐远的步伐

和亲　青史流传的佳话
男人争霸　无奈的戏法
无限江山托于柔弱肩头
徒自耗尽　女人　如花年华

出塞曲

不带走长安城一丝繁华
卸下对君王的空自牵挂
只因画师平添黑痣的那幅画
让你西出阳关 独饮大漠风沙

狼烟熏黑边关 将士驰马厮杀
飘然而来 烽火中盛开艳丽的花
喧嚣失声 疆场寂静
听你 渐行渐远的步伐

和亲 青史流传的佳话
男人争霸 无奈的戏法
无限江山托于柔弱肩头
徒自耗尽 女人 如花年华

拜月吟

空中弥漫　惯听的刀剑搏击
后花园　暂存　隔世沉寂
月亮　一如远始　照样升起
牡丹亭下　一声穿越至今的叹息

托心思给月亮　愿乱世远去
托社稷给红裙　救危难既倾
那条押上身家性命的连环计
终成就　史书浓墨的传奇

权力　总归是强人的游戏
不绝闻说　败于女人心机
不是看不清　世局迷离
到头来　贪欲不敌

拜月吟

空中弥漫　惯听的刀剑搏击
后花园　暂存　隔世沉寂
月亮　一如远始　照样升起
牡丹亭下　一声穿越至今的叹息

托心思给月亮　愿乱世远去
托社稷给红裙　救危难既倾
那条押上身家性命的连环计
终成就　史书浓墨的传奇

权力　总归是强人的游戏
不绝闻说　败于女人心机
不是看不清　世间迷离
到头来　贪欲不敌

醉酒赋

金步摇移满是盛世的华贵雍荣
君王带笑看不够云鬓花影红艳香浓
侍宴的酒盏　装三千爱宠
独饮下　任谁　不醉卧怀中

骊山宫　吹来霓裳羽衣风
华清池畔　娇软无力春宵梦
怎料渔阳城鼙鼓天地动
百里马嵬　六军不发玉颜空

池苑依旧　只秋草落红
少一人　锦衾不暖　谁与共
为何　四十五载权势重
恩爱欢情　难与世人同

醉酒赋

金步摇移满是盛世的华贵雍荣
君王带笑看不够云鬓花影红艳香浓
侍宴的酒盏 装三千爱宠
独饮下 任谁 不醉卧怀中

骊山宫 吹来霓裳羽衣风
华清池畔 娇软无力春宵梦
怎料渔阳城鼙鼓天地动
百里马嵬 六军不发玉颜空

池苑依旧 只秋草落红
廿一人 锦衾不暖 谁与共
为何 四十五载权势重
恩爱欢情 难与世人同

星夜良辰

微微的风不时吹
星光洒了一地
世界寂静
只有花的香在飘荡
不肯歇息
夏夜已凉透
我们靠得更近

星夜良辰

微微的风不时吹
星光洒了一地
世界寂静
只有花的香在飘荡
不肯歇息
夏夜已凉透
我们靠得更近

江　南

拂面新柳　酒旗晃动青瓦白楼
石板老街　紫竹摇曳长长巷口
一柄油纸伞　撑开嫣然回眸
小桥水流　全是吴音软语的温柔

墙头青杏　秋千寂寞心事依旧
堂前燕来　梁间轻语不变问候
一方旧丝帕　记起花楼独守
珠帘半卷　看见敲落灯花的消瘦

江南　烟花三月的锦绣
茉莉花开　风把小城香透
江南　结了丁香的忧愁
丹青水墨　凝成仕女清秀

江南

拂面新柳　酒旗晃动青瓦白楼
石板老街　紫竹摇曳长长巷口
一柄油纸伞　撑开嫣然回眸
小桥水流　全是吴音软语的温柔

墙头青杏　秋千寂寞心事依旧
堂前燕来　梁间轻语不变问候
一方旧丝帕　记起花楼独守
珠帘半卷　看见敲落灯花的消瘦

江南　烟花三月的锦绣
茉莉花开　风抱小城香透
江南　结了丁香的忧愁
丹青水墨　凝成仕女清秀

细雨微风　红菱结满相思渡口
桨声灯影　乌篷摇到谁家码头
那一盏渔火　点亮一生等候
千年禅寺　敲响夜半钟声的行走

釉色青花　瓶身细说过去时候
昆腔有爱　句句流淌滚烫感受
那一缕檀香　缠绵旗袍盘扣
雕画院落　开满蝶语花间的挽留

江南　前生约定的邂逅
多少故事　难把结局看透
江南　今生优雅的守候
欲说还休　唯有爱不陈旧

细雨微风　红菱结满相思渡口
桨声灯影　乌篷摇到谁家码头
那一盏渔火　点亮一生等候
千年禅寺　敲响夜半钟声的行走

釉色青花　瓶身细说过去时候
昆腔有爱　句句流淌滚烫感受
那一缕檀香　缠绵旗袍盘扣
雕画院落　开满蝶语花间的挽留

江南　前生约定的邂逅
多少故事　难把结局看透
江南　今生优雅的守候
欲说还休　唯有爱不陈旧

水漫金山

西湖雨　如烟　飘动累世情缘
断桥风　缠绵　听到前生诺言
伞下耳边的轻唤　把心揉软
雄黄酒里的凄婉　断肠无怨

荒原中那眼与眼的连线
坏了修行千年
这心与心的依恋
只为触摸一张孤寂的脸

含泪眼　祈愿　望见金山圣殿
爱之水　滔天　一路千回百转
隔着红尘的幽怨　痛在浪尖
繁衍漫天的缱绻　痴念无边

水漫金山

西湖雨　如烟　飘动累世情缘
断桥风　缠绵　听到前生诺言
伞下耳边的轻唤　把心揉软
雄黄酒里的凄婉　断肠无怨

荒原中那眼与眼的连线
坏了修行千年
这心与心的依恋
只为触摸一张孤寂的脸

含泪眼　祈愿　望见金山圣殿
爱之水　滔天　一路千回百转
隔着红尘的幽怨　痛在浪尖
繁衍漫天的缱绻　痴念无边

荒原中那眼与眼的连线
坏了修行千年
这心与心的狂恋
终要偿清为你许下的愿

水漫金山　漫过茫茫云天
苦已湿透无处言
水漫金山　掀起百里狂澜
爱不可遏全是缘
水漫金山　漫起爱的桃花源
人世间　多少情话在流传

荒原中那眼与眼的连线
坏了修行千年
这心与心的狂恋
终要偿清为你许下的愿

水漫金山　漫过茫茫云天
苦已湿透无处言
水漫金山　掀起百里狂澜
爱不可遏全是缘
水漫金山　漫起爱的桃花源
人世间　多少情话在流传

陪你一起走

洒满朝露　清香扑鼻的小径
我们一起走
晚霞映照　倒影长长的湖畔
我们一起走
阳光明媚　我们一起走
瑞雪纷飞　我们一起走

让我　陪着你　一起走
从冬夏走到春秋
从青丝走到白头
人生路　我们一起走

陪你一起走

洒满朝露　清香扑鼻的小径
我们一起走
晚霞映照　倒影长长的湖畔
我们一起走
阳光明媚　我们一起走
瑞雪纷飞　我们一起走

让我　陪着你　一起走
从冬夏走到春秋
从青丝走到白头
人生路　我们一起走

花满庭

听得见　花瓣飘落的声音
看不到　转身离去的背影
庭院静静　落花愁人
紫金藤爬上雕画窗棂

能记住　人潮相望的一瞬
难知晓　前世灯下的约定
长巷深深　倒影斜映
七弦琴弹乱昨日温情

一阵风　花满庭
犹见你花下语轻轻
半盏酒　人微醺
只忆起欢爱如烟云

花满庭

听得见 花瓣飘落的声音
看不到 转身离去的背影
庭院静静 落花愁人
紫金藤爬上雕画窗棂

能记住 人潮相望的一瞬
难知晓 前世灯下的约定
长巷深深 倒影斜映
七弦琴弹乱昨日温情

一阵风 花满庭
犹见你花下语轻轻
半盏酒 人微醺
只忆起欢爱如烟云

声声慢

花瓣飘飞　落地都是声声慢
脚步摇移　无计留春只轻叹
人去后　天色正向晚
听琴声如此委婉比心乱

疏雨黄昏　帘动亦是声声慢
顾影犹怜　落红憔悴门轻掩
凭谁问　彩笺欲寄北
看红烛独自怎生泪又满

情与爱　总是缠缠绵绵轻轻缓缓
离与愁　又要冷冷清清凄凄惨惨
最难将息　真真幻幻
理不清的寻寻觅觅幽幽暗暗

情与爱　总是缠缠绵绵轻轻缓缓
离与愁　又要冷冷清清凄凄惨惨
奈何难禁　心心恋恋
诉不完的朝朝暮暮永永远远

声声慢

花瓣飘飞　落地都是声声慢
脚步摇移　无计留春只轻叹
人去后　天色正向晚
听琴声如此委婉比心乱

疏雨黄昏　帘动亦是声声慢
顾影犹怜　落红憔悴门轻掩
凭谁问　彩笺欲寄北
看红烛独自怎生泪又满

情与爱　总是缠缠绵绵轻轻缓缓
离与愁　又要冷冷清清凄凄惨惨
最难将息　真真幻幻
理不清的寻寻觅觅幽幽暗暗

情与爱　总是缠缠绵绵轻轻缓缓
离与愁　又要冷冷清清凄凄惨惨
奈何难禁　心心恋恋
诉不完的朝朝暮暮永永远远

卜算子

——经典咏唱

一夜雨歇　杏花摆满巷口
杨柳风轻　撩动几多温柔
遥望处　草色新　还是去年翠楼
妆台前　眉间事　人在镜中消瘦

穿帘新燕　不捎一句问候
蝶影又来　花间都是挽留
彩笺在　锦丝薄　记取欢言依旧
卷珠帘　落灯花　西窗细算守候

［嵌词·李之仪］：
君住长江头　我住长江尾
日日思君不见君　共饮长江水
此水几时休　此恨何时已
只愿君心似我心　定不负相思意

卜算子

—经典咏唱

一夜雨歇　杏花摆满巷口
杨柳风轻　撩动几多温柔
遥望处　草色新　还是去年翠楼
妆台前　眉间事　人在镜中消瘦

穿帘新燕　不捎一句问候
蝶影又来　花间都是挽留
彩笺在　锦丝薄　记取欢言依旧
卷珠帘　落灯花　西窗细算守候

[宋词·李之仪]

君住长江头　我住长江尾
日日思君不见君　共饮长江水
此水几时休　此恨何时已
只愿君心似我心　定不负相思意

诉衷肠

多少话在心中不知作何讲
帘幕上岁月摇荡
繁花落地一帧帧过往
拟歌先敛　欲笑还颦　最断人肠

满地笺寄不去离恨远山长
纸如雪提笔词忘
落款不变一次次收藏
此时愿作　杨柳千丝　伴惹惆怅

忆往昔　惜流芳　易成伤
脚步轻缓独倚窗
人去何方　许多猜想
看一抹晚霞　还有旧时模样

世间事　开一场　慢慢荒
欢爱缠绵不肯忘
寂寞独享　悲喜在尝
沏一壶清茶　与你细诉衷肠

诉衷肠

多少话在心中不知作何讲
帘幕上岁月摇荡
繁花落地一帧帧过往
拟歌先敛 欲笑还颦 最断人肠

满地笺寄不去离恨远山长
纸如雪提笔词忘
落款不变一次次收藏
此时愿作 杨柳千丝 伴惹惆怅

忆往昔 惜流芳 易成伤
脚步轻缓独倚窗
人去何方 许多猜想
看一抹晚霞 还有旧时模样

世间事 开一场 慢慢荒
欢爱缠绵不肯忘
寂寞独享 悲喜在尝
沏一壶清茶 与你细诉衷肠

一树花开

一树花开　落无声　洒满院台
蝶影双来　眉间事　掠过心海
许多从前的事　说不尽感慨
记住了那句话　一直在等待

窗帘半开　风轻吹　飘动的爱
脚步徘徊　阁楼上　心事泛白
那些难舍的梦　整夜散不开
就怕注定的人　错过没有来

时光不再　物是人非　总无奈
诺言仍在　百般滋味　还重来
情依旧　爱未改　多少期待
一树花开　一世情怀

往事再猜　隔水千条　只不该
心事难解　唯有执着　无对白
情依旧　爱未改　多少期待
一树花开　一世情怀

一树花开

一树花开　落无声　洒满院台
蝶影双来　眉间事　掠过心海
许多从前的事　说不尽感慨
记住了那句话　一直在等待

窗帘半开　风轻吹　飘动的爱
脚步徘徊　阁楼上　心事泛白
那些难舍的梦　整夜散不开
就怕注定的人　错过没有来

时光不再　物是人非　总无奈
诺言仍在　百般滋味　还重来
情依旧　爱未改　多少期待
一树花开　一世情怀

往事再猜　隔水千条　只不该
心事难解　唯有执着　无对白
情依旧　爱未改　多少期待
一树花开　一世情怀

雪落无声

那一年雪纷纷　飘去飘来落地无声
院门外人已近　踏雪留痕听得很清
窗前的梅　如你一样精神
天地纯白　明亮了一座城

雪把大街小巷铺满
外面没有说的那么冷
无人的街　我们装点城市的寂静
拐角处　留下深深的吻

今夜雪又纷纷　飘然而来叩窗无声
隔着街心在奔　空旷回音很难听清
炉中的火　映出清瘦的影
溶雪煮茶　惦记着一个人

雪把院里院外铺满
你那儿是不是结了冰
来去的路　我们转动世间的年轮
一座城　总有长长的等

雪落无声

那一年雪纷纷　飘来飘去落地无声
院门外人已近　踏雪留痕听得很清
窗前的梅　如你一样精神
天地纯白　明亮了一座城

雪把大街小巷铺满
外面没有说的那么冷
无人的街　我们装点城市的寂静
拐角处　留下深深的吻

今夜雪又纷纷　飘然而来叩窗无声
隔着街心在奔　空旷回音很难听清
炉中的火　映出清瘦的影
溶雪煮茶　惦记着一个人

雪把院里院外铺满
你那儿是不是结了冰
来去的路　我们转动世间的年轮
一座城　总有长长的等

岁岁吉祥

红灯高挂　装扮大街小巷
把夜空映亮
梅花临窗　静候瑞雪飞扬
让满院清香
岁月的脚步敲打着心房
在天地间回荡
世界屏住呼吸
听斗转星移万物生长

辞旧迎新　全是欢笑模样
满目繁华　都在今夜绽放
等钟声响起　来时就成过往
看日日常新　涌动多少希望

新桃换下旧符　都是时光流淌
东风推动年轮　留下岁月芬芳
总是不变
年年岁岁的吉祥

岁岁吉祥

红灯高挂　装扮大街小巷
把夜空映亮
梅花临窗　静候瑞雪飞扬
让满院清香
岁月的脚步敲打着心房
在天地间回荡
世界屏住呼吸
听斗转星移万物生长

辞旧迎新　全是欢笑模样
满目繁华　都在今夜绽放
等钟声响起　来时就成过往
看日日常新　涌动多少希望

新桃换下旧符　都是时光流淌
东风推动年轮　留下岁月芬芳
总是不变
年年岁岁的吉祥

鹤舞千年

这万顷碧波藏了多少情话，
你说的每一句都被记下。
蓼子花又要一望无际地发芽，
浅水湖汊，暖暖的牵挂。

这苍茫天空留下多少变化，
能看到每一次泛起浪花。
岸对面总有长天一色的落霞，
湖心孤岛，千年的时差。

你总是优雅地将这时光拍打，
秋风灿烂了刹那。
烟波之上舞动倩影梦幻，
绘一幅爱意袅袅的画。

鹤舞千年

这万顷碧波藏了多少情话，
你说的每一句都被记下。
蓼子花又要一望无际地发芽，
浅水湖汊，暖暖的牵挂。

这苍茫天空留下多少变化，
能看到每一次泛起浪花。
岸对面总有长天一色的落霞，
湖心孤岛，千年的时差。

你总是优雅地将这时光拍打，
秋风灿烂了刹那。
烟波之上舞动倩影梦幻，
绘一幅爱意浓浓的画。

你总是轻巧地拾起一地落花，
岁月轻轻地涂擦。
千里万里为那许下的约定，
捎一句从不更改的话。

谁为你守候洗净爱的尘沙，
谁与你共老听到深情回答。
一年一年不变的追寻，
天水之间，我们共有一个家。

你总是轻巧地拾起一地落花，
岁月轻轻地涂擦。
千里万里为那许下的约定，
捎一句从不更改的话。

谁为你守候洗净爱的尘沙，
谁与你共老听到深情回答。
一年一年不变的追寻，
天水之间，我们共有一个家。

行　者

寻觅的脚步没想过要停留，
远方有遥不可及的锦绣。
昨夜雪积了那么厚，
不必说野渡孤舟。
路的名字叫低下头往前走，
渐行渐远渐消瘦。

羞涩的囊中早已没了积蓄，
道旁是百般无奈的稠惆。
打头雨落得那么骤，
早习惯浑身湿透。
词的婉约叫放心里不出口，
若即若离若相守。

行 者

寻觅的脚步没想过要停留，
远方有遥不可及的锦绣。
昨夜雪积了那么厚，
不必说野渡孤舟。
路的名字叫低下头往前走，
渐行渐远渐消瘦。

羞涩的囊中早已没了积蓄，
道旁是百般无奈的稠惆。
打头雨落得那么骤，
早习惯浑身湿透。
词的婉约叫放心里不出口，
若即若离若相守。

行走，
荒草苍凉江水向东流。
收拾从前事，
明月还依旧。
仍要执着，
等你四面风来的洲头，
用寻常的语气，
说一些天色向晚的时候。

行走，
默默不语宿命参不透。
拆解所有因，
比喻太简陋。
把事了结，
遇你开满鲜花的路口，
拈最美的那朵，
换一个没有对白的笑眸。

行走，
荒草苍凉江水向东流。
收拾从前事，
明月还依旧。
仍要执着，
等你四面风来的洲头，
用寻常的语气，
说一些天色向晚的时候。

行走，
默默不语宿命参不透。
拆解所有因，
比喻太简陋。
把事了结，
遇你开满鲜花的路口，
指最美的那朵，
换一个没有对白的笑眸。

似水流年

同个天地一样过客　谁与手相牵
人在旅途聚散难知　过眼是云烟
年少时候你情我愿　百般都是甜
花好月圆时过境迁　留下了悬念

茫茫人海一眼看穿　非缘即是冤
情深又空欢爱还浅　逃不过恩怨
花花世界转身改变　浮沉一张脸
说过再见再也未见　虚空了时间

似水流年　多少樱红柳绿样样都好的从前
明月远远　留下天意难违依依不舍的心愿
失去都是好　寻遍不出现
头上霜雪镜中容颜　无从寄托的眉眼

似水流年

同个天地一样过客　谁与手相牵
人在旅途聚散难知　过眼是云烟
年少时候你情我愿　百般都是甜
花好月圆时过境迁　留下了悬念

茫茫人海一眼看穿　非缘即是冤
情深又岂欢爱还浅　逃不过恩怨
花花世界转身改变　浮沉一张脸
说过再见再也未见　虚空了时间

似水流年　多少樱红柳绿样样都好的从前
明月远远　留下天意难违依依不舍的心愿
失去都是好　寻遍不出现
头上霜雪镜中容颜　无从寄托的眉眼

棋 局

窗前微风　看到花瓣飘落
檐下棋枰　留住许多寂寞
纵横十九线　宫格交错
黑白两世界　隐隐金戈

檀扇轻摇　气定神闲入座
面色不改　应知波澜壮阔
棋子已举起　奇峰险壑
落下悄无声　天地静默

把院门紧锁　陪你数子算过
先手已占尽　都是运筹帷幄
实地侵消长龙走脱
弃子中盘　我也不用缠绕胶着

棋 局

窗前微风　看到花瓣飘落
檐下棋枰　留住许多寂寞
纵横十九线　宫格交错
黑白两世界　隐隐金戈

檀扇轻摇　气定神闲入座
面色不改　应知波澜壮阔
棋子已举起　奇峰险壑
落下悄无声　天地静默

把院门紧锁　陪你数子算过
先手已占尽　都是运筹帷幄
实地侵消长龙走脱
弃子中盘　我也不用缠绕胶着

世事如棋　不过春花秋落
人生往来　算尽胜负几何
执子看潮起　且再思索
谁在谁心里　一棋成惑

边角已定　总要收官至末
荣华有数　人世终究萧瑟
爱恨多少事　就怕看破
我且陪君弈　岁月成歌

你仍是洒脱　我只气短势弱
深陷你的局　唯有劫争求活
一生多久为你执着
落子无悔　我也没想从头来过

世事如棋 不过春花秋落
人生往来 算尽胜负几何
执子看潮起 且再思索
谁在谁心里 一棋成惑

边角已定 总要收官至末
荣华有数 人世终究萧瑟
爱恨多少事 就怕看破
我且陪君弈 岁月成歌

你仍是洒脱 我只气短势弱
深陷你的局 唯有劫争求活
一生多久为你执着
落子无悔 我也没想从头来过

夜 读

我是那寄宿的书生窗下苦读
读不完案头叠起的经书
寒来暑往夜半灯火
就等身后响起轻缓的脚步

你一直徘徊在门外心生爱慕
看得见转身远去的回顾
夜深人静总是孤独
只想说出一生不渝的守护

你时时陪伴总是默默付出
我收拾经书就要奔赴前途

夜读

我是那寄宿的书生窗下苦读
读不完案头叠起的经书
寒来暑往夜半灯火
就等身后响起轻缓的脚步

你一直徘徊在门外心生爱慕
看得见转身远去的回顾
夜深人静总是孤独
只想说出一生不渝的守护

你时时陪伴总是默默付出
我收拾经书就要奔赴前途

别为我伤心跳最后的舞
我知你是一只修行的狐
那锦囊我已付之一炬
桃木剑早就深埋在土

这世间谁还懂情为何物
你当然是一只千年的狐
最难舍那些朝朝暮暮
往京城终要花烛共度

别为我伤心跳最后的舞
我知你是一只修行的狐
那錦囊我已付之一炬
桃木剑早就深埋在土

这世间谁还懂情为何物
你当然是一只千年的狐
最难舍那些朝朝暮暮
往京城终要花烛共度

赶　考

这窗下光阴　今夕是何年
这手中经书　翻到哪一卷
砚池边　落花点点
瓦檐下　燕子筑起四月天

这院里灯火　斜月已下弦
这室外鸡鸣　又到几更天
读不完　礼乐篇篇
悬一枚　锦绣前程如玉颜

请问到京城有多远
走旱路还是要乘船
客栈里有没有一张含笑脸
是不是赶考的书生被惦念

请问到京城有多远
去殿试字数写几千
丹墀上有没有大悦的龙颜
是不是踏花的马蹄天下羡

赶考

这窗下光阴 今夕是何年
这手中经书 翻到哪一卷
砚池边 落花点点
在檐下 燕子筑起四月天

这院里灯火 斜月已下弦
这室外鸡鸣 又到几更天
读不完 礼乐篇篇
悬一枚 锦绣前程如玉颜

请问到京城有多远
走旱路还是要乘船
客栈里有没有一张含笑脸
是不是赶考的书生 被惦念

请问到京城有多远
去殿试字数写几千
丹墀上有没有大悦的龙颜
是不是踏花的马蹄天下羡

报喜的人加倍赏钱
回去的路快马加鞭
盘算着有地方还是要留连
别负了那店里豆浆的香甜

请问到京城有多远
走旱路还是要乘船
请问到京城有多远
去殿试字数写几千

报喜的人加倍赏钱
回去的路快马加鞭
盘算着有地方还是要留连
别负了那店里豆浆的香甜

请问到京城有多远
走旱路还是要乘船
请问到京城有多远
去殿试字数写几千

读聊斋

确信，当年寄宿过般若寺
我就是灯下夜读那书生
墙头的眼，分明穿透了窗棂
只是捉摸不定飘忽的身形
若娇声叫喊姓名，我会
迫不及待答应。勾魂摄魄不惜

当然是灵狐，荒野郊外
想也想得到。千年修行
已炼就怎样的风情，群玉山外
这世上就没有这份水灵
怕十年寒窗分量太轻
载不动一段艳丽传闻

故事继续。轻缓的脚步移来
柔软婀娜的身姿，衣衫
薄如蝉翼，滑落
直滑落到温柔乡里
狐媚悬在叶尖上，就要滴下

读聊斋

确信，当年寄宿过般若寺
我就是灯下夜读那书生
墙头的眼，分明穿透了窗棂
只是捉摸不定飘忽的身形
若娇声叫喊姓名，我会
迫不及待答应。勾魂摄魄不惜

当然是灵狐，荒野郊外
想也想得到。千年修行
已炼就怎样的风情，群玉山外
这世上就没有这份水灵
怕十年寒窗分量太轻
载不动一段艳丽传闻

故事继续。轻缓的脚步移来
柔软婀娜的身姿，衣衫
薄如蝉翼，滑落
直滑落到温柔乡里
狐媚悬在叶尖上，就要滴下

剧情生生掐断。来了燕赤霞
一把桃木剑又钝又笨，对付不了
魔力法王，专对付柔弱女子
背上的皮囊，怎忍心收人家几世道行
就不能，成狐之美

方寸已乱，不肯再翻结局
捶胸顿足：那只狐关你何事
你只管做你的豪侠，行走江湖
算了，把后页撕去
明日黄昏去郊外，遇一只狐
然后续写
就怕，如今这世道，已没有狐了

剧情生生掐断。来了燕赤霞
一把桃木剑又钝又笨，对付不了
魔力法王，专对付柔弱女子
背上的皮囊，怎忍心收人家几世道行
就不能，成狐之美

方寸已乱，不肯再翻结局
捶胸顿足：那只狐关你何事
你只管做你的豪侠，行走江湖
算了，把后页撕去
明日黄昏去郊外，遇一只狐
然后续写
就怕，如今这世道，已没有狐了

满江红

临安城　暖风　不见风沙
湖对岸　丝竹　唱后庭花
彩路雕车　钱塘自古繁华
朱颜只怕　经不起云摧雨打

登临意　谁与沏茶
把栏杆拍遍无人答
抬望眼　北天狼烟云霞
八千里月光　照见贺兰山下

牛头山　朔气　冰河铁马
黄龙府　酒浊　痛饮长夜
斜阳千嶂　愁肠望断天涯
少年空悲　莫等闲生了华发

满江红

临安城 暖风 不见风沙
湖对岸 丝竹 唱后庭花
彩路雕车 钱塘自古繁华
朱颜只怕 经不起云摧雨打

登临意 谁与沏茶
把栏杆拍遍无人答
指望眼 北天狼烟云霞
八千里月光 照见贺兰山下

牛头山 朔气 冰河铁马
黄龙府 酒浊 痛饮长夜
斜阳千嶂 愁肠望断天涯
少年空悲 莫等闲生了华发

靖康耻　一如刀剐
要背上刺字不结痂
仰天啸　饥餐渴饮厮杀
二十年开疆　纵横百死无怕

一曲满江红　冲冠怒发
多少臣子恨　沉默无话
功名尘土　放下
风波亭　叹江山如画

靖康耻　一如刀削
要背上刺字不结痂
仰天啸　饥餐渴饮断杀
二十年开疆　纵横百死无怕

一曲满江红　冲冠怒发
多少臣子恨　沉默无话
功名尘土　放下
风波亭　叹江山如画

我是林冲

一袭战袍　八十万军中　风来不动
枪棒舞起　使不尽功夫　遍会群雄
丹田气壮　大校场传来　令如钟洪
豹头环眼　有干云豪气　天下敬重

我是林冲　我是林冲
我是落魄林冲
穷途末路　草莽英雄
忠直耿介性如火　追打衙内不迎逢
白虎节堂终不容
沧州路远　杀威棒重　草场火猛

寄身人潮　寻常的巷陌　脚步从容
丈夫柔情　怜娘子如水　恩爱与共
古道热血　存侠骨心肠　肝胆义忠
从无奢望　留三分醉意　江湖传颂

我是林冲

一袭战袍 八十万军中 风来不动
枪棒舞起 使不尽功夫 遍会群雄
丹田气壮 大校场传来 令如钟洪
豹头环眼 有干云豪气 天下敬重

我是林冲 我是林冲
我是落魄林冲
穷途末路 草莽英雄
忠直耿介性如火 追打衙内不迎逢
白虎节堂终不容
沧州路远 杀威棒重 草场火猛

寄身人潮 寻常的巷陌 脚步从容
丈夫柔情 怜娘子如水 恩爱与共
古道热血 存侠骨心肠 肝胆义忠
从无奢望 留三分醉意 江湖传颂

我是林冲　我是林冲
我是落魄林冲
穷途末路　草莽英雄
累遭算计恍如梦　赶尽杀绝路途穷
一身能耐终是空
生死离别　恩爱葬送　无尽心痛

人世间　是非难懂
悲与欢　苍天捉弄
任你英才天纵　难逃掌股操控
问天下谁是英雄

罢罢罢　抬头向苍穹
天与地风起云涌
梁山路霜雪正浓
我是林冲　草莽英雄

我是林冲　我是林冲
我是落魄林冲
穷途末路　草莽英雄
累遭算计恍如梦　赶尽杀绝路途穷
一身能耐终是空
生死离别　恩爱葬送　无尽心痛

人世间　是非难懂
悲与欢　苍天捉弄
任你英才天纵　难逃掌股操控
问天下谁是英雄

罢罢罢　抬头向苍穹
天与地风起云涌
梁山路霜雪正浓
我是林冲　草莽英雄

单刀赴会

天下大势　分分合合　引风云激荡
时运轮转　英雄并起　要拓土开疆
守住这要隘地　谁的旗　在飘扬
追逐那江山梦　八面风　只独挡

布衣当年　桃园一拜诺言不忘
辕门温酒　阵前无名头功不赏
白马终封侯　曹营汉心相惜一场
春秋有大义　千里单骑敢不敬仰

三分天下　荆州雄立　看大地苍茫
与虎谋皮　睥睨进退　有谁人不想
收了这生死帖　岸连营　不须望
不枉那一世名　走就走　去一趟

单刀赴会

天下大势 分分合合 引风云激荡
时运轮转 英雄并起 要拓土开疆
守住这要隘地 谁的旗 在飘扬
追逐那江山梦 八面风 只独挡

布衣当年 桃园一拜诺言不忘
辕门温酒 阵前无名头功不赏
白马终封侯 曹营汉心相惜一场
春秋有大义 千里单骑敢不敬仰

三分天下 荆州雄立 看大地苍茫
与虎谋皮 睥睨进退 有谁人不想
收了这生死帖 岸连营 不负望
不枉那一世名 走就走 去一趟

一船渡江　凤眼蚕眉三尺美髯
孤身独往　青龙偃月刀立身旁
大步进吴帐　谈笑自若声洪气旺
豪迈因胆壮　满堂垂首无人相抗

荆州城是个怎样的地方
单刀赴会留千年凝望
忠义信智仁勇　锦绣文章
天下齐呼武圣　关公云长

一船渡江 凤眼蚕眉 三尺美髯
孤身独往 青龙偃月刀立身旁
大步进吴帐 谈笑自若声洪气旺
豪迈因胆壮 满堂垂首无人相抗

荆州城是个怎样的地方
单刀赴会留千年凝望
忠义信智仁勇 锦绣文章
天下齐呼武圣 关公云长

等夜色破晓

城头　火光　听清一夜吼叫
天边　残月　滑落枯枝衰草
一束长绫　惨白　挂好
还要等到　夜色　破晓

降旗　备好　不再谈论忠孝
深宫　后院　难知庙堂喧嚣
一朝祸起　归罪　如潮
十万男儿　宁无　英豪

这人世　本不过富贵荣耀
结局原来如此潦草
妾一生　也只愿宠幸调笑
至此就要一笔勾销

往事啊　算不清来回颠倒
情义不过轻如纸薄
江山啊　总是比性命重要
恩爱还要云散烟消

等夜色破晓

城头 火光 听清一夜嘶叫
天边 残月 滑落枯枝衰草
一束长绫 惨白 挂好
还要等到 夜色 破晓

降旗 备好 不再谈论忠孝
深宫 后院 难知庙堂喧嚣
一朝祸起 归罪 如潮
十万男儿 宁无 英豪

这人世 本不过富贵荣耀
结局原来如此潦草
妾一生 也只愿宠幸调笑
至此就要一笔勾销

往事啊 算不清来回颠倒
情义不过轻如纸薄
江山啊 总是比性命重要
恩爱还要云散烟消

谁把珠帘卷

嫩芽初出　坡上遥看草色远
杨柳未匀　细雨初落泥不暖
翩翩纷纷飞　几多新时燕
烟暝寻觅处　巢稳尚为晚

青瓦红楼　绿水缠绕秋千院
余香袅袅　画堂声静屏半掩
丝丝黄金缕　深深不相见
钿筝移玉柱　举止神气闲

天色浅　一种心事满眼爱怜
脚步声响谁把珠帘卷
低飞乱入堂　歌尘轻散
凤凰许为邻　雕梁飞檐

呼声软　十分喜悦伸手来牵
恩重犹记谁把珠帘卷
造物重因果　事有前缘
苍茫风雨中　都是怀念

谁把珠帘卷

嫩芽初出　坡上遥看草色远
杨柳未匀　细雨初落泥不暖
翩翩纷纷飞　几多新时燕
烟暝寻觅处　巢稳尚为晚

青瓦红楼　绿水缠绕秋千院
余香袅袅　画堂声静屏半掩
丝丝黄金缕　深深不相见
钿筝移玉柱　举止神气闲

天色浅　一种心事满眼爱怜
脚步声响谁把珠帘卷
低飞乱入堂　歌尘轻散
凤凰许为邻　雕梁飞檐

呼声软　十分喜悦伸手来牵
恩重犹记谁把珠帘卷
造物重因果　事有前缘
苍茫风雨中　都是怀念

金盆洗手

世间事　多少恩怨难了
情与仇　都是冤冤相报
走不尽的天涯路　风雨潇潇
看谁还能　独领风骚

天地间　一座是非城堡
名与利　总要刀剑过招
闯不破的龙门阵　烟尘未消
英雄不过　几阵喧嚣

金盆洗手　原是豪气日薄
堂前火光　照见往昔年少
武字旗　降下追逐一生的名号
一把刀　裹好声嘶力竭的吼叫

红尘中　又是痴念来扰
悲与欢　终究空幻一觉
理不清的爱恨事　百般味道
行遍千山　将你记牢

金盆洗手

世间事　多少恩怨难了
情与仇　都是冤冤相报
走不尽的天涯路　风雨潇潇
看谁还能　独领风骚

天地间　一座是非城堡
名与利　总要刀剑过招
闯不破的龙门阵　烟尘未消
英雄不过　几阵喧嚣

金盆洗手　原是豪气日薄
堂前火光　照见往昔年少
武字旗　降下追逐一生的名号
一把刀　裹好声嘶力竭的吼叫

红尘中　又是痴念来扰
悲与欢　终究空幻一觉
理不清的爱恨事　百般味道
行遍千山　将你记牢

心归处　还要远离尘嚣
聚与散　等到夜已破晓
原订下的旧时约　仍然藏好
初见地方　等你来找

金盆洗手　原是寻路而逃
人终散去　应知传说已老
一页书　翻过风起云涌的笑傲
东篱下　拥入一世等候的怀抱

心归处 还要远离尘嚣
聚与散 等到夜已破晓
原订下的旧时约 仍然藏好
初见地方 等你来找

金盆洗手 原是寻路而逃
人终散去 应知传说已老
一页书 翻过风起云涌的笑傲
东篇下 拥入一世等候的怀抱

往事随风

多少往事　放下心中千斤重
都是寂寞　情深不寿还迷蒙
莫要谈得失　世间几人能从容
只求无亏心　但行好处向苍穹

漫漫行程　记取天边一抹红
萍水相逢　轻叹人生真如梦
何处说爱恨　半生无凭了无踪
愿不负伊人　一路青山有归鸿

让往事随风
是非终成空　恩怨最难懂
看头上白发不饶贵人　有何不通
非唯我老　更有人输　让往事随风

让往事随风
名利许多种　烦恼都相同
看画水作浪绣花闻香　何处建功
黄水可澄　人岂无运　让往事随风

往事随风

多少往事　放下心中千斤重
都是寂寞　情深不寿还迷蒙
莫要读得太　世间几人能从容
只求无亏心　但行好处向苍穹

漫漫行程　记取天边一抹红
萍水相逢　轻叹人生真如梦
何处说爱恨　半生无凭了无踪
愿不负伊人　一路青山有归鸿

让往事随风
是非终成空　恩怨最难懂
看头上白发不饶贵人　有何不通
非唯我老　更有人输　让往事随风

让往事随风
名利许多种　烦恼都相同
看画水作浪　绣花闻香　何处建功
黄水可澄　人岂无运　让往事随风

人生无奈

事到现在，真的该摆一摆，
我们有没有说的那么豪迈。
口口声声要改变世界，
你看这世界何曾有过一丝更改。

掐指算来，日子过了大半，
心里会不会也有一些感慨。
真真幻幻青春已泛白，
你看那容颜和爱早已置身事外。

哑然失笑，梦里竟然澎湃，
豪气是不是也能长盛不衰。
空空荡荡把壮志拆解，
你看那一腔热血还有谁人理睬。

人生无奈

事到现在，真的该摆一摆，
我们有没有说的那么豪迈。
口口声声要改变世界，
你看这世界何曾有过一丝更改。

掐指算来，日子过了大半，
心里会不会也有一些感慨。
真真幻幻青春已泛白。
你看那容颜和爱早已置身事外。

哑然失笑，梦里竟然澎湃，
豪气是不是也能长盛不衰。
空空荡荡把壮志拆解，
你看那一腔热血还有谁人理睬。

人生无奈，
这世界从不为谁更改。
耗尽一生，换来的是感慨，
去的终要去，
来的它不肯来。

人生无奈，
没有谁可以永远精彩。
耗尽一生，换来的是感慨，
得到不必喜，
失去也勿挂怀。

人生无奈，
这世界从不为谁更改。
耗尽一生，换来的是感慨，
去的终要去，
来的它不肯来。

人生无奈，
没有谁可以永远精彩。
耗尽一生，换来的是感慨，
得到不必喜，
失去也勿挂怀。

冷眼旁观

谁还不会春风得意，
人群中把头颅高高昂起。
可是得意的事它不牢靠，
彩云易散，琉璃脆。

谁还不想翻云覆雨，
遂了愿要众人一呼百应。
可是妄想的事它不现实，
天有常理，不由你。

谁还不是暗藏心机，
恨不得把世界据为自己。
可是得利的事它归天下，
收人田地，莫欢喜。

冷眼旁观

谁还不会春风得意，
人群中把头颅高高昂起。
可是得意的事它不牢靠，
彩云易散，琉璃脆。

谁还不想翻云覆雨，
遂了愿要众人一呼百应。
可是妄想的事它不现实，
天有常理，不由你。

谁还不是暗藏心机，
恨不得把世界据为自己。
可是得利的事它归天下，
收人田地，莫欢喜。

这世界其实就这个理，
你也不要太得意。
不过笑笑别人，
又让别人笑笑自己。

吃着吃着吐了，走着走着丢了，
说着说着困了，睡着睡着醒了。

笑着笑着哭了，哭着哭着爱了，
爱着爱着恨了，恨着恨着歇了。

这世界其实就这个理，
你也不要太得意。
不过笑笑别人，
又让别人笑笑自己。

吃着吃着吐了，走着走着丢了，
说着说着困了，睡着睡着醒了。

笑着笑着哭了，哭着哭着爱了，
爱着爱着恨了，恨着恨着歇了。

嫁　衣

声催莫用急
吉时着嫁衣
非是着衣迟
难舍长别离

轩窗风细细
树下花满蹊
铜镜影模糊
妆台弄梳篦

再寻一次旧时迹
再抚一次油纸壁
步迟迟　惜依依
门外声催着嫁衣

嫁衣

声催莫用急
吉时着嫁衣
非是着衣迟
难舍去别离

轩窗风细细
树下花满蹊
铜镜影模糊
妆台弄梳篦

再寻一次旧时迹
再抚一次油纸壁
步迟迟 惜依依
门外声催着嫁衣

往昔时绕膝
豆蔻总角起
琴弦拨音韵
诵书识礼仪

今既为人妻
是作于归期
轿马声喧喧
上马长别离

再寻一次旧时迹
再抚一次油纸壁
步迟迟　惜依依
门外声催着嫁衣

往昔时绕膝
豆蔻总角起
琴弦拨音韵
诵书识礼仪

今既为人妻
是作于归期
轿马声喧喧
上马长别离

再寻一次旧时迹
再抚一次油纸壁
步迟迟　惜依依
门外声催着嫁衣

你　来

总要有个交待
总不能似这般千百遍猜
你要给个准信
来　还是不来

那方丝帕还在
那私与的簪儿取了又戴
你要给个准信
来　还是不来

风儿来　雨儿来
你没有来
云儿来　月儿来
你还没来

来是自南而来
盈盈步不与同玉树摇摆
谁家姝可共载
只一言在耳外

你来

总要有个交待
总不能似这般千百遍猜
你要给个准信
来　还是不来

那方丝巾白还在
那钏与的簪儿取了又戴
你要给个准信
来　还是不来

风儿来　雨儿来
你没有来
云儿来　月儿来
你还没来

来是自南而来
盈盈步不与同玉树摇摆
谁家姝可共载
只一言在耳外

去是往北而去
行一程计一程都是徘徊
功与名真无奈
留不住空等待

风常来　雨常来
你没有来
云常来　月常来
你还没来

总要有个交待
总不能似这般千百遍猜

去是往北而去
行一程计一程都是徘徊
功与名真无奈
留不住空等待

风常来　雨常来
你没有来
云常来　月常来
你还没来

总要有个交待
总不能似这般千百遍猜

岁月一条河

多想听到那些细语诉说，
你的笑容在时光里定格。
身影已经远去，
留下我，独自寂寞。

那朵最美的花却要凋落，
我的春天终究黯然失色。
追寻从未停止，
注定了，行走飘泊。

夜空里有一条河，
把多少星星重重阻隔。
羡慕不已那幸运的两颗，
痴心守望，终有一夕短暂时刻。

岁月里有一条河，
有多少人儿沉浮交错。
最是无奈那零落的两个，
付出一生，空把万水千山走过。

岁月一条河

多想听到那些细语诉说，
你的笑容在时光里定格。
身影已经远去，
留下我，独自寂寞。

那朵最美的花却要凋落，
我的春天终究黯然失色。
追寻从未停止，
注定了，行走飘泊。

夜空里有一条河，
把多少星星重重阻隔。
羡慕不已那幸运的两颗，
痴心守望，终有一夕短暂时刻。

岁月里有一条河，
有多少人儿沉浮交错。
最是无奈那零落的两个，
付出一生，空把万水千山走过。

放　下

事情已经过去了许久，
师兄你还在喋喋不休。
当时也是未假思索，
急人所难，顺水推舟。

河水涨起来淹过路口，
过往的行人都在犯愁。
眼见姑娘一筹莫展，
背她过河，替人分忧。

背过了河就告别挥手，
放下来再无相见时候。
食不连器坐不连席，
师兄责怪，清规不守。

放 下

事情已经过去了许久，
师兄你还在喋喋不休。
当时也是未假思索，
急人所难，顺水推舟。

河水涨起来淹过路口，
过往的行人都在犯愁。
眼见姑娘一筹莫展，
背她过河，替人分忧。

背过了河就告别挥手，
放下来再无相见时候。
食不连器坐不连席，
师兄责怪，清规不守。

师兄，别再喋喋不休，
放下吧，事情过了许久。
很抱歉我那随意的举动，
让你纠缠心情烦透

师兄，别再喋喋不休，
放下吧，事情过了许久。
背上的姑娘我早已放下，
你却把她背在心头。

师兄，别再喋喋不休，
放下吧，事情过了许久。
很抱歉我那随意的举动，
让你纠缠心情烦透。

师兄，别再喋喋不休，
放下吧，事情过了许久。
背上的姑娘我早已放下，
你却把她背在心头。

花儿开满坡

坡上开满艳艳那个花，
花儿掩映望见谁的家。
谁家人儿轻轻唱着歌，
唱歌妹妹头上戴着花。

妹妹唱歌头上戴着花，
甜甜笑意都在脸上挂。
风儿一阵轻轻吹过来，
枝儿摆动不分人和花。

唱着歌儿细细数着花，
最美那朵挑好留给他。
心里恋恋等着人儿来，
说好一起坡上去摘花。

花儿开满坡

坡上开满艳艳那个花，
花儿掩映望见谁的家。
谁家人儿轻轻唱着歌，
唱歌妹妹头上戴着花。

妹妹唱歌头上戴着花，
甜甜笑意都在脸上挂。
风儿一阵轻轻吹过来，
枝儿摆动不分人和花。

唱着歌儿细细数着花，
最美那朵挑好留给他。
心里恋恋等着人儿来，
说好一起坡上去摘花。

等你一起坡上去摘花，
云儿悠悠天地一幅画。
花儿丛中慢慢行不够，
只想听你说些悄悄话。

等你一起牵手去摘花，
花儿丛中说些悄悄话。
话儿说呀悄悄说不完，
手里花儿有心送人家。

坡上开满艳艳那个花，
花儿掩映望见谁的家。
谁家人儿轻轻唱着歌，
唱歌妹妹头上戴着花。

等你一起坡上去摘花，
云儿悠悠天地一幅画。
花儿丛中慢慢行不够，
只想听你说些情情话。

等你一起牵手去摘花，
花儿丛中说些情情话。
话儿说呀情情说不完，
手里花儿有心送人家。

坡上开满艳艳那个花，
花儿掩映望见谁的家。
谁家人儿轻轻唱着歌，
唱歌妹妹头上戴着花。

心向远方

不总是阳光　还有雨雪风霜
四季轮转　天地间会有不同景象
当青春来邀启程
一颗心　向着远方

我们一起远航
期待坦途　不惧骇浪
守着彼此的誓言　不忘
世界就会一片明亮

不总是鲜花　还有荒草苍凉
峰回溪转　来时路留下起伏过往
当岁月来催行程
回首望　已在远方

我们一起远航
驶过坦途　驶过骇浪
守着彼此的誓言　不忘
世界就会一片明亮

心向远方
世界一片明亮

心向远方

不总是阳光 还有雨雪风霜
四季轮转 天地间会有不同景象
当青春来邀启程
一颗心 向着远方

我们一起远航
期待坦途 不惧骇浪
守着彼此的誓言 不忘
世界就会一片明亮

不总是鲜花 还有荒草苍凉
峰回路转 来时路留下起伏过往
当岁月来催行程
回首望 已在远方

我们一起远航
驶过坦途 驶过骇浪
守着彼此的誓言 不忘
世界就会一片明亮

心向远方
世界一片明亮

黄金五十金

咸阳城南门　围了许多人
安民告示一遍一遍讲分明
搬一根木头去北门
可得黄金五十金　五十金

这叫个什么事情
弄玄乎设计骗人
指指点点　议论纷纷
打死他们也不肯相信

咸阳城南门　住个懵懂人
叽叽喳喳吵吵闹闹好烦心
搬起木头去了北门
得了黄金五十金　五十金

黄金五十金

咸阳城南門　围了许多人
安民告示一遍一遍讲分明
搬一根木头去北门
可得黄金五十金　五十金

这叫个什么事情
弄玄乎设计骗人
指指点点　议论纷纷
打死他们也不肯相信

咸阳城南门　住个懵懂人
叽叽喳喳吵吵闹闹好烦心
搬起木头去了北门
得了黄金五十金　五十金

这叫个什么事情
直跺脚后悔不停
错失良机　摇头叹气
官家说的怎么能不信

这就是一个局　做局
花费黄金五十金
买走一座城　买走一城人
从此有个强国叫大秦

这就是一个局　做局
做局之人是商君
骗了秦国人　还骗后世人
从此有个故事叫立木取信

这叫个什么事情
直跺脚后悔不停
错失良机 摇头叹气
官家说的怎么能不信

这就是一个局 做局
花费黄金五十金
买走一座城 买走一城人
从此有个强国叫大秦

这就是一个局 做局
做局之人是商君
骗了秦国人 还骗后世人
从此有个故事叫立木取信

旧时光

布谷鸟叫　风吹来栀子花香
你开衣箱　翻出压底的单装
拉我手　一件一件替我换上
我知道　又是一年　变换的时光

一年一年　阿公护我慢慢成长

红日初露　你送我出门　挎上书包
叮咛又叮咛　走路莫慌张
暮色四合　我坐门坎上　翘首凝望
等你　荷锄归来　脚步声响

旧时光

布谷鸟叫　风吹来栀子花香
你开衣箱　翻出压底的单装
拉我手　一件一件替我换上
我知道　又是一年　变换的时光

一年一年　阿公护我慢慢成长

红日初露　你送我出门　挎上书包
叮咛又叮咛　走路莫慌张
暮色四合　我坐门坎上　翘首凝望
等你　荷锄归来　脚步声响

煤油灯罩擦得锃亮
灯花绽放着光芒
我们夜读在那张八仙桌旁
不识字的你　总要比一比
我和弟弟的字　谁写得更端庄
夜深沉　门闩上　你送我们入梦乡

儿时的记忆已泛黄
阿公离去　我常静静地忧伤
当年听过的那些歌谣
多想为你一唱　再唱

煤油灯罩擦得锃亮
灯花绽放着光芒
我们在读在那张八仙桌旁
不识字的你　总要比一比
我和弟弟的字　谁写得更端庄
夜深说　门闩上　你送我们入梦乡

儿时的记忆已泛黄
阿公离去　我常静静地忧伤
当年听过的那些歌谣
多想为你一唱　再唱

栀子花撒落一地

五月，阳光灿烂
外祖母和母亲坐在堂前
笑语盈盈，拉着话
桌上一只蓝边碗，浸满
栀子花，弥漫清香

母亲钟爱栀子花
做女儿在娘家植了很多树
出嫁后念念不忘
外祖母宠爱女儿，每于
花开时节，来访
一双民国前裹了的小脚，颤巍巍
走八里路，送来一包
用头巾扎好的栀子花
经年一惯

世上事总是缺憾
美妙自古难全
公元1981年
一切戛然而止，母亲
先于外祖母去了另一个世界

栀子花撒落一地

五月，阳光灿烂
外祖母和母亲坐在堂前
笑语盈盈，拉着话
桌上一只蓝边碗，浸满
栀子花，弥漫清香

母亲钟爱栀子花
做女儿在娘家植了很多树
出嫁后念念不忘
外祖母宠爱女儿，每于
花开时节，来访
一双民国前裹了的小脚，颤巍巍
走八里路，送来一包
用头巾扎好的栀子花
经年一惯

世上事总是缺憾
美妙自古难全
公元1981年
一切戛然而止　母亲
先于外祖母去了另一个世界

栀子花依然要开
外祖母如期又来
头巾扎成的包袱还是
先前的模样，只不见了
那个急于来拆的人。外祖母
搂住三个年幼的兄妹，
从包袱里掏点心
塞满他们的口袋
剩下一堆栀子花，黯然神伤
轻语：没人要了

暮色垂。外祖母起身离去
细碎的脚步一直走。拐过
那个山坳，无人处
她再也忍不住
蹲下身子，失声恸哭
手里的栀子花洒落一地

栀子花依然要开
外祖母如期又来
头巾扎成的包袱还是
先前的模样，只不见了
那个急于来拆的人。外祖母
搂住三个年幼的兄妹，
从包袱里掏点心
塞满他们的口袋
剩下一堆栀子花，黯然神伤
轻语：没人要了

暮色垂。外祖母起身离去
细碎的脚步一直走。拐过
那个山坳，无人处
她再也忍不住
蹲下身子，失声恸哭
手里的栀子花洒落一地

好时光

那一年　你我初相见
在明媚的春天
暖风啊拂面　花海一片
看着你　长发　随风飘动
半露出如花笑脸
听着你　温柔　细语轻软
胜过了最美诗篇

我们一起漫步
四处啊春意盎然
两颗心啊　更紧紧相连
这美好的时光是多么甜蜜
昨日哟
总不断地在我心中涌现

好时光

那一年 你我初相见
在明媚的春天
暖风啊拂面 花海一片
看着你 长发 随风飘动
半露出如花笑脸
听着你 温柔 细语轻软
胜过了最美诗篇

我们一起漫步
四处啊春意盎然
两颗心啊 更紧紧相连
这美好的时光是多么甜蜜
昨日啊
总不断地在我心中涌现

看　花

暖风轻吹山花开，
绽放枝头惹人爱。
青春少年心喜欢，
结伴流连在花海。
啊，看花，满眼春光；
看花，满心欢快。

银铃笑声传花外，
姑娘花间争花戴。
花脸相映看不清，
山花烂熳醉心怀。
啊，看花，满眼春光；
看花，满心欢快。

少年原为看花来，
为何心乱独徘徊。
世间鲜花无限美，
姑娘笑靥更可爱。
啊，看花，满眼春光；
看花，满心欢快。

看花

暖风轻吹山花开，
绽放枝头惹人爱。
青春少年心喜欢，
结伴流连在花海。
啊，看花，满眼春光；
看花，满心欢快。

银铃笑声传花外，
姑娘花间争花戴。
花脸相映看不清，
山花烂熳醉心怀。
啊，看花，满眼春光；
看花，满心欢快。

少年原为看花来，
为何心乱独徘徊。
世间鲜花无限美，
姑娘笑靥更可爱。
啊，看花，满眼春光；
看花，满心欢快。

雨　季

飘飘洒洒的雨，洗净天地，
多彩亮丽的伞，撑开雨季。
城市湿漉的街道，湿漉的风景，
原来雨季如此美丽。

烟水迷蒙的湖，跳动雨滴，
悠长宁静的路，牵手相依。
伞下我湿了左肩，你湿了右臂，
原来雨季全是诗意。

走在雨季，说不尽欣喜。
那些美丽的诗句，
该从哪里读起，
近处的你，还是远处的雨季。

走在雨季，留下了回忆。
那些美丽的故事，
该从哪里说起，
近处的你，还是远处的雨季。

雨季

飘飘洒洒的雨，洗净天地。
多彩亮丽的伞，撑开雨季。
城市湿漉的街道，湿漉的风景，
原来雨季如此美丽。

烟水迷蒙的湖，跳动雨滴，
悠长宁静的路，牵手相依。
伞下我湿了左肩，你湿了右臂，
原来雨季全是诗意。

走在雨季，说不尽欢喜。
那些美丽的诗句，
该从哪里读起，
近处的你，还是远处的雨季。

走在雨季，留下了回忆。
那些美丽的故事，
该从哪里说起，
近处的你，还是远处的雨季。

云雾茶

岗上梯田山水画还浅
云雾缭绕青翠茶树间
老茶棚旧模样没有变
你已去了很多年

那杯云雾茶冒着烟
压住墨迹未干的纸笺
你转过溪桥那一边
愈行愈远

脚步落蝶寂静茶园
世事花谢几多变迁
嫩芽上枝抽熟了思念
一如云雾茶香酽

云雾茶

岗上梯田山水画还浅
云雾缭绕青翠茶树间
老茶棚旧模样没有变
你已去了很多年

那杯云雾茶冒着烟
压住墨迹未干的纸笺
你转过溪桥那一边
愈行愈远

脚步落蝶寂静茶园
世事花谢几多变迁
嫩芽上枝抽熟了思念
一如云雾茶香醉

茶园燕影入口寻常见
归途漂泊一张熟悉脸
老茶棚旧模样没有变
我守望了一年年

新沏的云雾茶冒着烟
飘起从前许下的诺言
你转向溪桥这一边
未曾走远

笑靥迎花风拂茶园
心思明了终不肯变
岁月匆忙带不走初愿
一如云雾茶香酽

茶园燕影入口寻常见
归途漂泊一张熟悉脸
老茶棚旧模样没有变
我守望了一年年

新沏的云雾茶冒着烟
飘起从前许下的诺言
你转向溪桥这一边
未曾走远

笑靥迎花风拂茶园
心思明了终不肯变
岁月匆忙带不走初愿
一如云雾茶香醉

相见欢

溪水奔流到河湾处，一头撞向
青石，溅起水花清凛有声
平原的绿，无边
风呼啸而来，草叶齐声欢唱

三月桃花有十里红艳
打开蝶衣缤纷
树下落英扑簌回声
枝繁叶茂错乱了矜持
哪一朵花是我锦绣华裳

那一刻的光照简简无言
穿透了心。难以停歇的血液
奔腾着沧海之舟。你真的
低下了炯炯眉眼
读我的荒草苍凉么？
干涸的桑田有风吹清曲
音符飘动都是前世的甘霖

相见欢

溪水奔流到河湾处，一头撞向
青石，溅起水花清凛有声
平原的绿，无边
风呼啸而来，草叶齐声欢唱

三月桃花有十里红艳
打开蝶衣缤纷
树下落英扑簌回声
枝繁叶茂错乱了矜持
哪一朵花是我锦绣华裳

那一刻的光照简简无言
穿透了心。难以停歇的血液
奔腾着沧海之渊。你真的
低下了炯炯眉眼
读我的荒草苍凉么？
干涸的桑田有风吹清曲
音符飘动都是前世的甘霖

想象不出你的转身，是怎样
落寞，地面堆满枯叶
胡同里是风的哭泣
我站在世界尽头

又一次穿心光照。看清结局
不必你我来写，早已隐于
熏风之中。分明听见歌唱
啊，阳光就这样铺洒
蝶儿就这样纷飞
世间繁花都去往春天
春天哪，你要驻得更长更长

想象不出你的转身，是怎样
落寞，地面堆满枯叶
胡同里是风的哭泣
我站在世界尽头

又一次穿心光照。看清结局
不必你我来写，早已隐于
重风之中。分明听见歌唱
啊，阳光就这样铺洒
蝶儿就这样纷飞
世间繁花都去往春天
春天哪，你要驻得更长更长

新麦香甜

风吹过来　隔着泛香的麦田
那群鸟儿　飞了一圈又一圈
静静地坐在这田埂边
夕阳照见相映如花的脸

成熟的季节　注定遇见
夏天的故事　就要上演
蝶与花　总是诉说不尽的依恋
少年心思　开成一池并蒂的莲

风吹进窗　闻到新麦的香甜
那些从前　云儿一片又一片
匆匆走过喧嚣的边缘
抬头找寻一如从前的远

新麦香甜

风吹过来 隔着泛香的麦田
那群鸟儿 飞了一圈又一圈
静静地坐在这田埂边
夕阳照见相映如花的脸

成熟的季节 注定遇见
夏天的故事 就要上演
蝶与花 总是诉说不尽的依恋
少年心思 开成一地并蒂的莲

风吹进窗 闻到新麦的香甜
那些从前 云儿一片又一片
匆匆走过喧嚣的边缘
拾起找寻一如从前的远

过往的时光　总是轮转
写好的结局　自会出现
人与事　难改水向东流的变迁
今早相见　不再看到昨晚容颜

新麦的香甜　飘了一年又一年
深藏的心思　想过一遍又一遍
岁月静好　记住写满眉眼的挂牵
落尽繁华　全是不改初心的成全

过往的时光　总是轮转
等好的结局　自会出现
人与事　难改水向东流的变迁
今早相见　不再看到昨晚容颜

新麦的香甜　飘了一年又一年
深藏的心思　想过一遍又一遍
岁月静好　记住了满眉眼的挂牵
落尽繁华　全是不改初心的成全

安静地变老

寻一处僻静的地方，
坡缓水清，林翠花香；
结几间简雅的草房，
空灵禅意，把心安放。
清晨的小径，黄昏的斜阳，
牵手走过脚印两行。

植一院沁人的芬芳，
竹篱柴扉，时光安祥；
沏两盏新采的茶汤，
檐下对坐，说起过往。
归林的倦鸟，入夜的虫唱，
抬眼望见满天星光。

没有行色匆忙，
少了人来人往；
守好初始愿望，
全是幸福模样。
就这样安静地变老，
任花谢花放、鬓发成霜。

安静地变老

寻一处僻静的地方，
坡缓水清，林翠花香；
结几间简雅的草房，
空灵禅意，把心安放。
清晨的小径，黄昏的斜阳，
牵手走过脚印两行。

植一院沁人的芬芳，
竹篱柴扉，时光安祥；
沏两盏新采的茶汤，
檐下对坐，说起过往。
归林的倦鸟，入夜的虫唱，
抬眼望见满天星光。

没有行色匆忙，
少了人来人往；
守好初始愿望，
全是幸福模样。
就这样安静地变老，
任花谢花放、鬓发成霜。

一段岸花芬芳的江

挂天上的那轮月，照过古人
月下花林里香霰飘了千年
船就泊在江面。有琵琶声隐约响起
着青衫的司马还没来吗
等你为修葺一新的亭子，题名

不远江头的那座楼上，
供茶供酒听曲，看千帆竞发
胖敦敦的黑面汉子酒已熏
摇摇晃晃，写了一首
豪气冲天的诗。让梁山不安宁

往赤壁去的船计程该回了
只是那把火一直不肯熄
惹得点将台里今人述古，掰手指
数千古风流人物。喝云雾茶
空中弥漫南山菊香

一段岸花芬芳的江
从历史深处走来，奔流不息

一段岸花芬芳的江

挂天上的那轮月，照过古人
月下花林里香霰飘了千年
船就泊在江面。有琵琶声隐约响起
着青衫的司马还没来吗
等你为修葺一新的亭子，题名

不远江头的那座楼上
供茶供酒听曲，看千帆竞发
胖敦敦的黑面汉子酒已熏
摇摇晃晃，写了一首
豪气冲天的诗。让梁山不安宁

往赤壁去的船计程该回了
只是那把火一直不肯熄
惹得点将台里今人迷古。掰手指
数千古风流人物。喝云雾茶
空中弥漫南山菊香

一段岸花芬芳的江
从历史深处走来，奔流不息。

图书在版编目（CIP）数据

等你同行 / 徐敏著 . -- 南昌 : 百花洲文艺出版社，2022.12

ISBN 978-7-5500-4815-7

Ⅰ . ①等… Ⅱ . ①徐… Ⅲ . ①诗集—中国—当代 Ⅳ . ① I227

中国版本图书馆 CIP 数据核字 (2022) 第 194953 号

等你同行

DENG NI TONGXING　　徐敏　著

出 版 人　章华荣
责任编辑　杨　旭
书法题字　曹端阳
装帧设计　文人雅士
出 版 者　百花洲文艺出版社
地　　址　南昌市红谷滩区世贸路 898 号博能中心一期 A 座 20 楼
电　　话　0791-86895108（发行热线）0791-86894717（编辑热线）
邮　　编　330038
经　　销　全国新华书店
印　　刷　廊坊市海涛印刷有限公司
开　　本　880 毫米 ×1230 毫米　1/32
印　　张　4.875
版　　次　2023 年 1 月第 1 版第 1 次印刷
字　　数　10 千字
书　　号　978-7-5500-4815-7
定　　价　58.00 元

赣版权登字　05-2022-216

网址：http://www.bhzwy.com
图书若有印装错误，影响阅读，可向承印厂联系调换